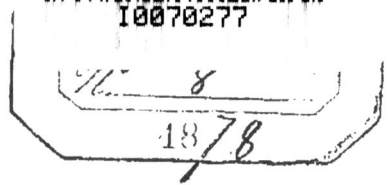

# LOI

### RELATIVE AUX

# RÉQUISITIONS MILITAIRES

# LOI

## DU 3 JUILLET 1877

### RELATIVE AUX

# RÉQUISITIONS

## MILITAIRES

### AVEC TABLE ANALYTIQUE DES MATIÈRES

Par

## DÉSIRÉ LACROIX

Rédacteur au MONITEUR DE L'ARMÉE

---

Prix : **40** centimes

25 exemplaires, *franco*, 10 fr. — 100 exemplaires, *franco*, 35 fr.

---

## PARIS

LIBRAIRIE MILITAIRE

ANDRÉ SAGNIER, ÉDITEUR

31, RUE BONAPARTE, 31

# LOI

### RELATIVE AUX

## RÉQUISITIONS MILITAIRES

Le Sénat et la Chambre des députés ont adopté, ·

Le Président de la République promulgue la loi dont la teneur suit :

## TITRE I<sup>er</sup>.

### Conditions générales dans lesquelles s'exerce le droit de RÉQUISITION.

Art. 1<sup>er</sup>. — En cas de mobilisation partielle ou totale de l'armée, ou de rassemblement de troupes, le ministre de la guerre détermine l'époque où commence, sur tout ou partie du territoire français, l'obligation de fournir les prestations nécessaires pour suppléer à l'insuffisance des moyens ordinaires d'approvisionnement de l'armée.

Art. 2. — Toutes les *prestations* donnent droit à des indemnités représentatives de leur valeur, sauf dans les cas spécialement déterminés par l'article 15 de la présente loi.

Art. 3. — Le droit de requérir appartient à l'autorité militaire.

Les *réquisitions* sont toujours formulées par écrit et signées.

Elles mentionnent l'espèce et la quantité des prestations imposées et, autant que possible, leur durée.

Il est toujours délivré un reçu des prestations fournies.

Art. 4. — Un règlement d'administration publique déterminera les conditions d'exécution de la présente loi, en ce qui concerne la désignation des autorités ayant qualité pour ordonner ou exercer les réquisitions, la forme de ces réquisitions et les limites dans lesquelles elles pourront être faites.

## TITRE II

### Des PRESTATIONS à fournir par voie de réquisition

Art. 5. — Est exigible par voie de réquisition la fourniture des prestations nécessaires à l'armée et qui comprennent notamment :

1° Le *logement* chez l'habitant et le *cantonnement* pour les hommes et pour les chevaux, mulets et bestiaux, dans les locaux disponibles, ainsi que les bâtiments nécessaires pour le personnel et le matériel des services de toute nature qui dépendent de l'armée ;

2° La *nourriture journalière* des officiers et soldats logés chez l'habitant, conformément à l'usage du pays ;

3° Les *vivres* et le *chauffage* pour l'armée, les *fourrages* pour les chevaux, mulets et bestiaux ; la *paille de couchage* pour les troupes campées ou cantonnées ;

4° Les moyens *d'attelage* et de *transport* de toute nature, y compris le personnel ;

5° Les *bateaux* ou *embarcations* qui se trouvent sur les fleuves, rivières, lacs et canaux ;

6° Les *moulins* et les *fours ;*

7° Les *matériaux, outils, machines* et *appareils* nécessaires pour la construction ou la réparation des voies de communication, et, en général, pour l'exécution de tous les travaux militaires ;

8° Les *guides,* les *messagers,* les *conducteurs,* ainsi que les ouvriers pour tous les travaux que les différents services de l'armée ont à exécuter ;

9° Le traitement des *malades* ou *blessés* chez l'habitant ;

10° Les objets d'*habillement*, d'*équipement*, de campement, de harnachement, d'armement et de couchage, les médicaments et moyens de pansement ;

11° Tous les autres objets et services dont la fourniture est nécessitée par l'intérêt militaire.

Hors le cas de mobilisation, il ne pourra être fait réquisition que des prestations énumérées aux cinq premiers paragraphes du présent article. Les moyens d'attelage et de transport, bateaux et embarcations, dont il est question aux paragraphes 4 et 5, ne pourront également être requis chaque fois, hors le cas de mobilisation, que pour une durée maximum de vingt-quatre heures.

Art. 6. — Les réquisitions relatives à l'emploi d'*établissements industriels* pour la fourniture de produits autres que ceux qui résultent de leur fabrication normale ne pourront être exercées que sur un ordre du ministre de la guerre ou d'un commandant d'armée ou de corps d'armée.

Art. 7. — En cas d'urgence, sur l'ordre du ministre de la guerre ou de l'autorité militaire supérieure chargée de la défense de la place, il peut être pourvu, par voie de réquisition, à la formation des *approvisionnements nécessaires* à la subsistance des habitants des places de guerre.

## TITRE III

### Du logement et du cantonnement

**Art. 8.** — *Le logement des troupes,* en station ou en marche, chez l'habitant est l'installation, faute de casernement spécial, des hommes, des animaux et du matériel dans les parties des maisons, écuries, remises ou abris des particuliers reconnues, à la suite d'un recensement, comme pouvant être affectées à cet usage, et fixées en proportion des ressources de chaque particulier; les conditions d'installation afférentes aux militaires de chaque grade, aux animaux et au matériel, étant d'ailleurs déterminées par les règlements en vigueur.

Le *cantonnement* des troupes, en station ou en marche, est l'installation des hommes, des animaux et du matériel dans les maisons, établissements, écuries, bâtiments ou abris de toute nature appartenant soit aux particuliers, soit aux communes ou aux départements, soit à l'État, sans qu'il soit tenu compte des conditions d'installation attribuées, en ce qui concerne le logement défini ci-dessus, aux militaires de chaque grade, aux animaux et au matériel ; mais en utilisant, dans la mesure du nécessaire, la contenance des locaux, sous la réserve toutefois que les propriétaires ou détenteurs conservent toujours le logement qui leur est indispensable.

Art. 9. — Au termes de l'article 5 ci-dessus, et en cas d'insuffisance des bâtiments militaires destinés au logement des troupes dans les places de guerre ou les villes de garnison, il y est suppléé au moyen de maisons ou d'établissements loués par les municipalités, reconnus et acceptés par l'autorité militaire, ou au moyen du logement des officiers et des hommes de troupe chez l'habitant. Cette disposition est également applicable à la fourniture des magasins et des écuries.

Le logement est fourni de la même manière, à défaut des bâtiments militaires dans les villes, villages, hameaux et maisons isolées, aux troupes détachées ou cantonnées, ainsi qu'aux troupes de passage et aux militaires isolés.

Art. 10. — Il sera fait par les municipalités un *recensement de tous les logements*, établissements et écuries, que les habitants peuvent fournir pour le logement ou le cantonnement des troupes, dans les circonstances spécifiées à l'article 9.

Ce recensement sera communiqué à l'autorité militaire.

Il pourra être révisé en tout ou en partie dans les localités et aux époques fixées par le ministre de la guerre.

Art. 11. — Dans tous les cas où les troupes devront être logées ou cantonnées chez l'habitant, l'autorité militaire *informera* les municipalités du jour de leur arrivée.

Les municipalités délivreront ensuite, sur la présentation des ordres de route, les billets de logement, en observant de réunir, autant que possible, dans le même quartier les hommes et les chevaux appartenant aux mêmes unités constituées, afin d'en faciliter le rassemblement.

Art. 12. — Dans l'établissement du logement ou du cantonnement chez l'habitant, les municipalités ne feront aucune distinction de personnes, quelles que soient leurs fonctions ou qualités.

Seront néanmoins *dispensés de fournir le logement* dans leur domicile les détenteurs de caisses publiques déposées dans ledit domicile, les veuves et filles vivant seules et les *communautés religieuses de femmes*. Mais les uns et les autres sont tenus d'y suppléer en fournissant le logement en nature chez d'autres habitants, avec lesquels ils prendront des arrangements à cet effet ; à défaut de quoi, il y sera pourvu à leurs frais par les soins de la municipalité.

Les officiers et les fonctionnaires militaires,

dans leur garnison ou résidence, ne logeront pas les troupes dans le logement militaire qui leur sera fourni en nature, et lorsqu'ils seront logés en dehors des bâtiments militaires, ils ne seront tenus de fournir le logement aux troupes qu'autant que celui qu'ils occuperont excèdera la proportion affectée à leur grade ou à leur emploi.

Les officiers en garnison dans le lieu de leur habitation ordinaire seront tenus de fournir le logement dans leur domicile propre, comme les autres habitants.

Art. 13. — Les municipalités veilleront à ce que la charge du logement ou du cantonnement soit répartie avec équité sur tous les habitants.

Les habitants ne seront jamais délogés de la chambre et du lit où ils ont l'habitude de coucher ; ils ne pourront néanmoins, sous ce prétexte, se soustraire à la charge du logement selon leurs facultés.

Hors le cas de mobilisation, le maire ne pourra envahir le domicile des absents ; il devra loger ailleurs à leurs frais.

Les *établissements publics ou particuliers* requis préalablement par l'autorité militaire, et effectivement utilisés par elle, ne seront pas compris dans la répartition du logement ou du cantonnement.

Art. 14. — Les troupes seront responsables des

dégâts et *dommages* occasionnés par elles dans leurs logements ou cantonnements. Les habitants qui auront à se plaindre, à cet égard, adresseront leurs réclamations, par l'intermédiaire de la municipalité, au commandant de la troupe, afin qu'il y soit fait droit, si elles sont fondées.

Lesdites réclamations devront être adressées et les dégâts constatés, à peine de déchéance, avant le départ de la troupe, ou, en temps de paix, trois heures après, au plus tard ; un officier sera laissé, à cet effet, par le commandant de la troupe.

Art. 15. — Le logement des troupes, en cas de passage, de rassemblement, de détachement ou de cantonnement, donnera droit à l'indemnité, conformément à l'article 2 ci-dessus, sauf les exceptions suivantes :

1° Le logement des troupes de passage chez l'habitant ou leur cantonnement pour une durée maximum de trois nuits dans chaque mois, ladite durée s'appliquant indistinctement au séjour d'un seul corps ou de corps différents chez les mêmes habitants ;

2° Le cantonnement des troupes qui manœuvrent ;

3° Le logement chez l'habitant ou le cantonnement des troupes rassemblées dans les lieux de mobilisation et leurs dépendances pendant la période de mobilisation dont un décret fixe la durée.

Art. 16. — En toutes circonstances, les troupes auront droit, chez l'habitant, au feu et à la chandelle.

Art. 17. — Dans tous les cas où les troupes seront gratuitement logées chez l'habitant, ou cantonnées, le *fumier* provenant des animaux appartiendra à l'habitant. Dans tous les cas où le logement chez l'habitant et le cantonnement donneront droit à une indemnité, le fumier restera la propriété de l'Etat, et son prix pourra être déduit du montant de ladite indemnité, avec le consentement de l'habitant.

Art. 18. — Un règlement d'administration publique fixera les détails d'exécution du logement des troupes en dehors des bâtiments militaires, notamment les conditions du logement attribué aux militaires de chaque grade.

Il déterminera en outre le prix de la journée de logement ou de cantonnement pour les hommes ou les animaux et le prix de la journée de fumier.

## TITRE IV

## De l'EXÉCUTION DES RÉQUISITIONS

Art. 19. — Toute réquisition doit être adressée à la commune ; elle est notifiée au maire. Toutefois, si aucun membre de la municipalité ne se trouve au siége de la commune, ou si une réquisition urgente est nécessaire sur un point éloigné du siége de la commune et qu'il soit impossible de la notifier régulièrement, la réquisition peut être adressée directement par l'autorité militaire aux habitants.

Les réquisitions exercées sur une commune ne doivent porter que sur les ressources qui y existent sans pouvoir les absorber complétement.

Art. 20. — Le maire, assisté, sauf le cas de force majeure ou d'extrême urgence, de deux membres du conseil municipal appelés dans l'ordre du tableau, et de deux des habitants les plus imposés de la commune, répartit les prestations exigées *entre les habitants* et les contribuables, alors même que ceux-ci n'habitent pas la commune et n'y sont pas représentés.

Cette répartition est obligatoire pour tous ceux qui y sont compris.

Il est délivré par le maire, à chacun d'eux, un reçu des prestations fournies.

Le maire prendra les mesures nécessitées par les circonstances, pour que, dans le cas d'absence de tout habitant ou contribuable, la répartition, en ce qui le concerne, soit effective.

Au lieu de procéder par voie de répartition, le maire, assisté comme il est dit ci-dessus, peut, au compte de la commune, pourvoir directement à la fourniture et à la livraison des prestations requises ; les dépenses qu'entraîne cette opération sont imputées sur les ressources générales du budget municipal, sans qu'il soit besoin d'autorisation spéciale.

Dans les cas prévus par le premier paragraphe de l'article 19, ou lorsque les prestations requises ne sont pas fournies dans les délais prescrits, l'autorité militaire fait d'office la répartition entre les habitants.

Art. 21. — Dans le cas de refus de la municipalité, le maire, ou celui qui en fait fonctions, peut être condamné à une amende de 25 à 500 fr.

Si le fait provient du mauvais vouloir des habitants, le recouvrement des prestations est assuré, au besoin, par la force ; en outre, les habitants qui n'obtempèrent pas aux ordres de *réquisitions*, sont passibles d'une amende qui peut s'élever au double de la valeur de la prestation requise.

En temps de paix, quiconque abandonne le service pour lequel il est requis personnellement est passible d'une amende de 16 à 50 fr.

En temps de guerre, et par application des dispositions portées à l'article 62 du code de justice militaire, il est traduit devant le conseil de guerre et peut être condamné à la peine de l'emprisonnement de six jours à cinq ans, dans les termes de l'article 194 du même code.

Article 22. — Tout militaire qui, en matière de réquisitions, abuse des pouvoirs qui lui sont conférés, ou qui refuse de donner reçu des quantités fournies, est puni de la peine de l'emprisonnement, dans les termes de l'article 194 du code de justice militaire; tout militaire qui exerce des réquisitions sans avoir qualité pour le faire est puni, si ces réquisitions sont faites sans violence, conformément au cinquième paragraphe de l'article 248 du code de justice militaire.

Si ces réquisitions sont exercées avec violence, il est puni conformément à l'article 250 du même code.

Le tout sans préjudice des restitutions auxquelles il peut être condamné.

Art. 23. — Dans les eaux maritimes, les propriétaires, capitaines ou patrons de navires, bateaux et embarcations de toute nature sont tenus, sur réquisition, de mettre ces navires, bateaux ou embarcations à la disposition de l'autorité militaire, qui a le droit d'en disposer dans l'intérêt de son service et qui peut

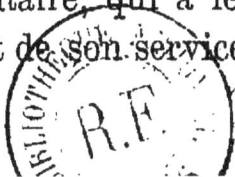

également requérir le personnel en tout où en partie.

Ces réquisitions se font par l'intermédiaire de l'administration de la marine, sur les points du littoral où elle est représentée.

## TITRE V

## Du RÈGLEMENT DES INDEMNITÉS

Art. 24. — Lorsqu'il y a lieu, par application de l'article 1er de la présente loi, de requérir des prestations pour les besoins de l'armée, le ministre de la guerre nomme, dans chaque département où peuvent être exercées des réquisitions, une commission chargée d'évaluer les indemnités dues aux personnes et aux communes qui ont fourni des prestations.

Un règlement d'administration publique déterminera la composition et le fonctionnement de cette commission, qui devra comprendre des membres civils et des membres militaires, en assurant la majorité à l'élément civil.

Art. 25. — Le maire de chacune des communes où il a été exercé des réquisitions adresse, dans le plus bref délai, à la commission, avec une copie de l'ordre de réquisition, un état nominatif contenant l'indication de toutes les personnes qui ont fourni des prestations, avec la mention des quantités livrées, des prix réclamés par chacune d'elles et de la date des réquisitions.

L'autorité militaire fixe, sur la proposition de la commission, l'indemnité qui est allouée à chacun des intéressés.

Art. 26. — Dans les trois jours de la proposition de la commission, les décisions de l'autorité militaire sont adressées au maire et notifiées administrativement par lui à chacun des intéressés ou à leur résidence habituelle, dans les vingt-quatre heures de la réception.

Dans un délai de quinze jours, à partir de cette notification, ceux-ci doivent faire connaître au maire s'ils acceptent ou refusent l'allocation qui leur est faite.

Faute par eux d'avoir fait connaître leur refus dans ce délai, les allocations sont considérées comme définitives. Le refus sera motivé et indiquera la somme réclamée.

Il est transmis par le maire au juge de paix du canton, qui en donne connaissance à l'autorité militaire et envoie de simples avertissements, sans frais, pour une date aussi prochaine que possible, à l'autorité militaire et au réclamant.

En cas de non-conciliation, il peut prononcer

immédiatement ou ajourner les parties pour être jugées dans le plus bref délai.

Il statue en dernier ressort jusqu'à une valeur de deux cents francs (200 fr.) inclusivement, et en premier ressort jusqu'à quinze cents (1,500 fr.) inclusivement. Au-dessus de ce chiffre, l'affaire sera portée devant le tribunal de première instance.

Dans tous les cas, le jugement sera rendu comme en matière sommaire.

Art. 27. — Après l'expiration du délai fixé par le deuxième paragraphe de l'article précédent, le maire dresse l'état des allocations devenues définitives par l'acceptation ou le silence des intéressés.

Le montant des allocations portées sur ce tableau est mandaté collectivement au nom de la commune, par les soins de l'intendance.

Le montant doit être payé comptant.

En temps de guerre, le payement peut être fait en bons du Trésor, portant intérêt à 5 p. 100 du jour de la livraison.

Art. 28. — Aussitôt après le payement du mandat ou l'échéance du bon du Trésor, le maire est tenu de mandater et le receveur municipal est tenu de payer à chaque indemnitaire la somme qui lui revient.

# TITRE VI

## Des RÉQUISITIONS relatives aux CHEMINS DE FER

Art. 29. — Dans les cas prévus par l'article 1er de la présente loi, les compagnies de chemins de fer sont tenues de mettre à la disposition du ministre de la guerre toutes les ressources en personnel et matériel qu'il juge nécessaires pour assurer les transports militaires. Le personnel et le matériel ainsi requis peuvent être différemment employés sans distinction de réseau sur toutes les lignes dont il peut être utile de se servir, tant en deçà qu'au delà de la base d'opérations.

Art. 30. — L'autorité militaire peut aussi se faire livrer par les compagnies, sur réquisition, et au prix de revient, le combustible, les matières grasses et autres objets qui seront nécessaires pour le service des chemins de fer en campagne.

Art. 31. — Les dépendances des gares et de la voie, y compris les bureaux et fils *télégraphiques* des compagnies, qui peuvent être nécessaires à l'administration de la guerre, doivent également être mis, sur réquisition, à la disposition de l'autorité militaire.

Les réquisitions seront adressées par l'autorité militaire aux chefs de gare.

Art. 32. — Les réquisitions prévues par les articles 29, 30 et 31 de la présente loi, sont exercées conformément aux articles 22 et suivants de la loi du 13 mars 1875, et donnent lieu à des indemnités qui seront déterminées par un règlement d'administration publique.

Art. 33. — En temps de guerre, les transports commerciaux cessent de plein droit sur les lignes ferrées situées au-delà de la station de transition fixée sur la base d'opérations.

Cette suppression ne donne lieu à aucune indemnité.

Art. 34. — Les communes ne peuvent comprendre dans la répartition des prestations qu'elles sont requises de fournir, aucun objet appartenant aux compagnies de chemins de fer.

## TITRE VII

### Des RÉQUISITIONS de l'autorité MARITIME

Art. 35. — Les dispositions de la présente loi sont applicables aux réquisitions exercées pour les besoins de l'armée de mer.

Un règlement d'administration publique déterminera les attributions de l'autorité maritime, en ce qui concerne le droit de requérir et les conditions d'exécution des réquisitions.

## TITRE VIII

## Dispositions relatives aux CHEVAUX, MULETS et VOITURES nécessaires à la mobilisation

Art. 36. — L'autorité militaire a le droit d'acquérir, par voie de réquisition, pour compléter et pour entretenir l'armée au pied de guerre, des chevaux, juments, mules et mulets, et des voitures attelées.

Art. 37. — Tous les ans, avant le 16 janvier, a lieu dans chaque commune, sur la déclaration obligatoire des propriétaires, et, au besoin, d'office, par les soins du maire, le *recensement* des chevaux, juments, mules et mulets, susceptibles d'être requis en raison de l'âge qu'ils ont eu au 1er janvier, c'est-à-dire six ans et au-dessus pour les chevaux et juments, quatre ans et au-dessus pour les mulets et mules.

L'âge se compte à partir du 1er janvier de l'année de la naissance.

Tous les trois ans, avant le 16 janvier, a lieu dans chaque commune, et de la même manière que ci-dessus, le recensement des voitures attelées de chevaux et de mulets, autres que celles qui sont exclusivement affectées au transport des personnes.

Art. 38. — Chaque année, le ministre de la guerre peut faire procéder, du 16 janvier au 1er mars, ou du 15 mai au 15 juin, à l'inspection et au classement des chevaux, juments, mulets ou mules, recensés ou non, ayant l'âge fixé à l'article précédent.

La même opération peut être faite, aux mêmes époques, dans l'année du recensement pour les voitures attelées.

L'inspection et le classement ont lieu en temps de paix dans chaque commune, à l'endroit désigné à l'avance par l'autorité militaire, en présence du maire ou de son suppléant légal.

Il y est procédé par des commissions mixtes, désignées dans chaque région par le général commandant le corps d'armée, et composées chacune d'un officier président et ayant voix prépondérante en cas de partage, d'un membre civil choisi dans la commune, ayant voix délibérative, et d'un vétérinaire militaire ou d'un vétérinaire civil, ou, à défaut, d'une personne compétente désignée par le maire, ayant voix consultative.

Il ne sera pas alloué d'indemnité au membre civil de ladite commission.

Art. 39. — Les animaux reconnus propres à l'un des services de l'armée sont classés suivant les catégories établies au budget pour les achats annuels de la remonte, les chevaux d'officier formant dans chaque catégorie des chevaux de selle une classe à part.

Art. 40. — Sont *exemptés* de la réquisition en cas de mobilisation, et ne sont pas portés sur la liste de classement par catégories :

1º Les chevaux appartenant au chef de l'État ;

2º Les chevaux dont les fonctionnaires sont tenus d'être pourvus pour leur service ;

3º Les chevaux entiers approuvés ou autorisés pour la reproduction ;

4º Les juments en état de gestation constatée, ou suitées d'un poulain, ou notoirement reconnues comme consacrées à la reproduction ;

5º Les chevaux et juments n'ayant pas atteint l'âge de six ans, les mulets et mules au-dessous de quatre ans ;

6º Les chevaux de l'administration des postes, ou ceux qu'elle entretient pour son service par des contrats particuliers ;

7º Les chevaux indispensables pour assurer le service des administrations publiques et ceux affectés aux transports de matériel nécessité par l'exploitation des chemins de fer. Ces derniers peuvent toutefois être requis au même titre que les voies ferrées elles-mêmes, conformément aux dispositions de l'article 29 de la présente loi.

Art. 41. — Les voitures recensées sont présentées tout attelées aux commissions mixtes qui arrêtent leur classement, ainsi que celui des harnais. A l'issue de ce classement, il est procédé, en présence de la commission, à un tirage au sort qui règle l'ordre d'appel des voitures en cas de mobilisation.

Art. 42. — Sont exemptées de la réquisition, en cas de mobilisation, et ne sont pas portées sur la liste de classement par catégorie les voitures indispensables pour assurer le service des administrations publiques et celles affectées aux transports de matériel nécessités par l'exploitation des chemins de fer. Ces dernières peuvent, toutefois, être requises au même titre que les voies ferrées elles-mêmes, conformément aux dispositions de l'article 29 de la présente loi.

Art. 43. — Un tableau certifié par le président de la commission mixte et par le maire, indiquant pour chaque commune le signalement des animaux classés ainsi que le nom de leurs propriétaires, est adressé au bureau de recrutement du ressort.

Un double de ce tableau reste déposé à la mairie jusqu'au classement suivant.

Il est dressé de la même manière un tableau de classement des voitures en double expédition : les numéros de tirage y sont inscrits.

Art. 44. — Le contingent des animaux à fournir en cas de mobilisation, dans chaque région, pour compléter et entretenir au pied de guerre les troupes qui y sont stationnées, est fixé par le ministre de la guerre, d'après les ressources constatées au classement pour chaque catégorie.

Ce contingent est réparti, dans la région, par l'autorité militaire, de manière à égaliser les charges provenant des réquisitions prévues pour les besoins successifs de l'armée. Toutefois, cette répartition n'est notifiée qu'en cas de mobilisation.

L'insuffisance des ressources dans un corps d'armée sera compensée, sur l'ordre du ministre de la guerre, par l'excédant d'un autre corps d'armée.

Les mêmes dispositions sont applicables aux voitures attelées.

Art. 45. — Dès la réception de l'ordre de mobilisation, le maire est tenu de prévenir les propriétaires que : 1º tous les animaux classés présents dans la commune ; 2º tous ceux qui y ont été introduits depuis le dernier classement, et qui ne sont pas compris dans les cas d'exemption prévus par l'article 40 ; 3º tous ceux qui ont atteint l'âge légal depuis le dernier classement ; 4º tous ceux enfin qui, pour un motif quelconque, n'auraient pas été déclarés au recensement ni présentés au dernier classement, bien qu'ils eussent l'âge légal, doivent être conduits, au jour et heure fixés pour chaque canton, au point indiqué par l'autorité militaire.

Le maire prévient également les propriétaires des voitures, d'après les numéros de tirage portés sur le dernier état de classement, suivant la demande de l'autorité militaire, d'avoir à les conduire tout attelées au même point de rassemblement.

Les animaux doivent avoir leur ferrure en bon état, un bridon et un licol pourvu d'une longe.

Art. 46. — Des commissions mixtes, désignées par l'autorité militaire, procèdent, audit point, à la réception, par canton, des animaux amenés, et opèrent le classement non encore fait de ceux qui se trouvent compris dans les cas spéciaux indiqués à l'article précédent.

Si le nombre des animaux présentés à la commis-sion est supérieur au chiffre à requérir dans la catégorie, il est procédé à un tirage au sort pour déterminer l'ordre dans lequel ils seront appelés.

Art. 47. — Le propriétaire d'un animal compris dans le contingent a le droit de présenter à la commission de remonte et de faire inscrire à sa place un autre animal non compris dans le contingent, mais appartenant à la même catégorie et à la même classe dans la catégorie.

Art. 48. — Après avoir statué sur tous les cas de réforme, de remplacement ou d'ajournement demandé pour cause de maladie, la commission de réception, en présence des maires ou de leurs suppléants légaux, prononce la réquisition des animaux nécessaires pour la mobilisation.

Elle procède également à la réception des voitures attelées.

Elle fixe le prix des voitures et des harnais d'après les prix courants du pays.

Les animaux qui attellent les voitures admises entrent en déduction du contingent requis en vertu du présent article et sont payés conformément à l'article 49 ci-après.

Art. 49. — Les prix des animaux requis sont déterminés à l'avance et fixés d'une manière absolue, pour chaque catégorie, aux chiffres portés au budget de l'année, augmentés du quart, pour les chevaux de selle et pour les chevaux d'attelage d'artillerie.

Toutefois, cette augmentation n'est pas applicable aux chevaux entiers.

Art. 50. — Les propriétaires des animaux, voitures ou harnais requis reçoivent sans délai des mandats en représentant le prix et payables à la caisse du receveur des finances le plus à proximité.

Art. 51. — Les propriétaires qui, aux termes de l'article 45, n'auront pas conduit leurs animaux classés ou susceptibles de l'être, leurs voitures attelées désignées par l'autorité militaire, au lieu indiqué pour la réquisition, sans motifs légitimes admis par la commission de réception, sont déférés aux tribunaux et, en cas de condamnation, frappés d'une amende égale à la moitié du prix d'achat fixé pour la catégorie à laquelle appartiennent les animaux, ou à la moitié du prix moyen d'achat fixé pour la catégorie à laquelle appartiennent les animaux, ou à la moitié du prix moyen d'acquisition des voitures ou harnais dans la région.

Néanmoins, la saisie et la réquisition pourront être exécutées immédiatement, et sans attendre le jugement, à la diligence du président de la commission de réception ou de l'autorité militaire.

Art. 52. — Les maires ou les propriétaires de chevaux, juments, mulets ou mules, de voitures ou de harnais, qui ne se conforment pas aux dispositions du titre VIII de la présente loi, sont passibles d'une amende de 25 à 1,000 fr. Ceux qui auront fait sciemment de fausses déclarations seront frappés d'une amende de 50 à 2,000 fr.

Art. 53. — Lorsque l'armée sera replacée sur le pied de paix, les anciens propriétaires des animaux requis pourront les réclamer, sauf restitution du prix intégral de payement et sous réserve de les rechercher eux-mêmes dans les rangs de l'armée, et d'aller les prendre à leurs frais, au lieu de garnison des corps ou de l'officier détenteur.

## TITRE IX

### Dispositions spéciales aux grandes manœuvres

Art. 54. — Les indemnités qui peuvent être allouées en cas de dommages causés aux propriétés privées par le passage ou le stationnement des troupes dans les marches, manœuvres et opérations d'ensemble, prévues à l'article 28 de la loi du 24 juillet 1873, doivent, à peine de déchéance, être réclamées par les ayants-droits, à la mairie de la commune, dans les trois jours qui suivront le passage ou le départ des troupes.

Une commission attachée à chaque corps d'armée ou fraction de corps d'armée opérant isolément, procède à l'évaluation des dommages. Si cette évaluation est acceptée, le montant de la somme fixée est payée sur-le-champ.

En cas de désaccord, la contestation sera introduite et jugée comme il a été dit à l'article 26.

Un règlement d'administration publique déterminera la composition et le mode de fonctionnement de la commission.

## Dispositions générales

Art. 55. — Tous les avertissements et autres actes qu'il sera nécessaire de signifier à l'autorité militaire, pour l'exécution de la présente loi, le seront à la mairie du chef-lieu de canton.

Art. 56. — Sont abrogées toutes les dispositions antérieures relatives aux réquisitions militaires et notamment :

Le titre V de la loi du 10 juillet 1791, et les lois des 26 avril, 23 mai, 2 septembre et 13 décembre 1792, 19 brumaire an III, 28 juin 1815 ; les décrets des 11, 22 et 28 novembre 1870, et la loi du 1er août 1874.

La présente loi, délibérée et adoptée par le Sénat et par la Chambre des députés, sera exécutée comme loi de l'État.

Fait à Versailles, le 3 juillet 1877.

Mal DE MAC-MAHON,

duc DE MAGENTA.

Par le Président de la République :

*Le ministre de la guerre,*

Gal A. BERTHAUT.

# TABLE ANALYTIQUE DES MATIÈRES

Sens. Impr. Clouzard

www.ingramcontent.com/pod-product-compliance
Lightning Source LLC
Chambersburg PA
CBHW070714210326
41520CB00016B/4343